W0203507

PETIT MOMENT DE SÉRÉNITÉ

Offrez-vous un instant de détente absolu

LAROUSSE

« Nous sommes le résultat
de ce que nous avons pensé. »

Bouddha,
Ve siècle avant J.-C.

« Tous les chemins mènent à Rome », dit le proverbe. Tous les chemins peuvent aussi mener à la zénitude. Qu'ils soient simples à traverser (certaines vies « paraissent » plus confortables que d'autres) ou semés d'embûches (nous déployons alors des ressources insoupçonnées), l'important est de trouver sa voie. Sans s'arrêter ni éluder, mais en respectant son rythme.

Identifiez le chemin qui vous correspond le mieux et adapter-le à votre fonctionnement pour progresser vers la sérénité. Tel un cerf-volant, vous pourrez alors vous appuyer sur le vent qui souffle sur votre vie afin de voler facilement. Pour vous y aidez, vous trouverez dans ce livret des petites méditations et des recettes d'infusions.

Alors bonne route et bon vent !

Ce que la méditation est et n'est pas…

Halte aux idées préconçues, véhiculées ou manipulatrices sur la méditation (y compris par des sectes) ! Voici quelques idées claires pour vous aider à faire le tri et à pratiquer en toute confiance. Expérimenter est essentiel ; comprendre aussi.

La méditation est…

Quelques maîtres mots synthétisent la démarche et la transformation que permet la méditation. C'est une expérience individuelle, une confrontation à nos limites, un acte de confiance dans le processus vécu, une invitation à un retournement intérieur, une transformation silencieuse.

« Pausez-vous
Avez-vous pu instaurer une pratique régulière de relaxation et/ou de méditation ? Si oui, poursuivez pour en ressentir les bienfaits dans la durée ; sinon, pouvez-vous en identifier les raisons ? Quels petits ou grands changements avez-vous mis en place ? Et pour l'avenir ? »

La méditation n'est pas...

La méditation n'est pas réservée à quelques *happy few* (même si certaines formes de méditation ne s'adressent qu'à des initiés). Elle ne manipule pas : grâce aux prises de conscience successives qu'elle propose, elle offre un chemin de liberté. Elle ne coupe pas du réel, mais au contraire enracine. Elle ne remplace pas un travail thérapeutique : si vous êtes en situation de fragilité, n'hésitez pas à consulter un professionnel.

Méditation et spiritualité

Dans notre monde occidental, la religion décline, mais le besoin spirituel se développe. La méditation s'inscrit dans cette démarche.

Quelles que soient la tradition et la pratique, la méditation désigne un recueillement et une intention orientée vers l'intériorité… L'un de ses objectifs est de (re)prendre contact avec soi-même en acceptant de se faire modeler par l'écho ressenti en soi.

Ouvrez-vous à la sagesse du corps

Que l'on choisisse une posture assise immobile (dos redressé, épaules détendues) ou le mouvement d'une danse sacrée, la respiration et la concentration sont deux éléments clés de la pratique. Apprenez juste à être dans une présence attentive à vous-même.

Centrez votre esprit sur l'essentiel

Bien contacter son corps calme le mental et détend plus entièrement. Prendre conscience du corps que l'on a, puis du « corps que l'on est », comme le dit le psychothérapeute allemand Graf Durckheim, ouvre la porte d'une belle intériorité, d'un face-à-face plus habité.

Accueillez les bénéfices du silence

Le silence fait le plus souvent partie intégrante de la méditation. Taire les bruits intérieurs, instaurer consciemment le silence en soi « calme le jeu », car on ne se laisse plus happer par l'extérieur. Mais loin de s'extraire du monde, on y porte un regard nouveau, plus large et compréhensif, car notre écoute gagne en profondeur.

Comprenez que la méditation spiritualise le quotidien

La vie est une succession de passages de « l'extérieur » du monde à « l'intérieur » de nous-mêmes. Notre « dimension horizontale » (quelques dizaines d'années à arpenter ensemble la planète Terre) croise ainsi notre « dimension verticale » (qui, tel un pieu, nous redresse dans notre désir de grandir). Méditer en nous aidant à mieux vivre la présence à soi, aux autres, vivifie le quotidien, car un regard nouveau est porté sur l'univers et son humanité.

La méditation profane

La méditation profane n'a pas de référence religieuse. Elle a pour objet de développer une qualité d'être, pour soi, pour le monde, sans référence au divin. Cette spiritualité laïque fait appel à une notion de transcendance de l'homme, du mystère qui l'habite, sans que la présence de Dieu n'intervienne.

• **La méditation sans objet** se base sur l'apprentissage de « faire le vide » en soi, de développer l'attention et la conscience « d'être » dans l'instant présent, « ici et maintenant », et de goûter le fait d'exister sans se référer au religieux.

• **La méditation avec objet** a la même visée, mais diffère en ce que le méditant pratique en se centrant sur un objet imaginaire ou réel (une bougie allumée, une couleur, une odeur), ce qui active la concentration. Il s'agit de développer cette qualité d'être et de « pleine conscience » qui peut aussi ouvrir à la méditation religieuse pour ceux qui le souhaitent.

Place à la pratique : le thé des yogis !

1. Faites bouillir pendant 10 min 4 grains de cardamome, 3 grains de poivre noir, 3 clous de girofle, ½ bâton de cannelle et ⅔ de rondelle de gingembre frais.
2. Ajoutez éventuellement 1 c. à café de thé noir et un peu de lait.
3. Faites bouillir 3 min, puis laissez infuser 10 min.

Se reconnecter à son corps ❁ 10 min

1. Asseyez-vous dans votre lit en veillant à ne pas avoir froid, gardez couette ou couverture sur vous si besoin et les yeux fermés.
2. Sentez l'appui de votre assise sur le matelas.
3. Passez en revue chaque partie de votre corps en partant de votre tête pour atteindre vos pieds (buste, bras, mains, ventre, jambes).
4. Au passage, saluez chacun d'eux et dites : « Bonjour » à voix haute.
5. Sans vous attarder, observez comme un simple « bonjour » vous reconnecte à chaque partie de votre corps. Vous le sentez ?
6. Votre attention, ainsi dirigée dès le réveil, éveille vos sens, crée une relation d'affection avec vous-même.
7. Prenez une profonde inspiration et ouvrez les yeux dans l'énergie de cette bienveillance.

Tout commence par s'aimer.

Regarder les nuages ✺ 7 min

1. Allongé face au ciel, yeux ouverts.
2. Inspirez profondément et expirez lentement 3 fois.
3. Portez votre regard sur les nuages qui défilent dans le ciel comme les chevaux de bois d'un manège.
4. Attardez-vous sur leurs formes, épaisseur, taille, mouvance.
5. Observez le vent les pousser, les sculpter, les dissoudre à l'infini.
6. Regardez sans vous y attacher.
7. Quand vos pensées se présentent à vous, traitez-les comme les nuages : avec distance, détachement.
8. Notez qu'en cet instant vous êtes bien dans l'ici et maintenant.
9. Inspirez et expirez lentement pour ancrer la sérénité en vous.

Ouvrez les yeux, apaisé. Faites-vous l'heureux spectateur des scènes qui se jouent en et autour de vous.

Se recentrer 5 min

1. Chaque fois que vous vous sentez dépassé, submergé, nié, inconsidéré, retirez-vous… en vous.
2. Au cœur de la foule ou du silence : inspirez et expirez 3 fois très lentement.
3. Observez-vous comme vous le feriez d'une personne que vous venez de rencontrer : détaillez votre posture, vos points d'appui sur le sol, votre assise, votre souffle… Comment vous tenez-vous, vous sentez-vous, respirez-vous ?
4. Véritable baromètre de votre état d'être à l'instant T, votre état d'esprit se meut comme le sable sous l'action du ressac de la mer.
5. Comme la mer efface les traces sur la plage, ce scan vous replace au centre de votre attention, dissipe trouble, malaise, préoccupations.
6. Maintenez cette immersion aussi longtemps que vous en ressentez le besoin.

Placez-vous au cœur de votre attention : vous êtes la personne la plus importante pour vous.

Focus bien-être 5 min

1. Au réveil, assis dans votre lit, les yeux encore clos, inspirez et expirez lentement.
2. Dites-vous à voix haute : « J'observe avec attention tout ce qui génère bien-être et joie en moi. »
3. Tout au long de la journée, sentez comme vous êtes plus sensible dès que survient ce qui fait naître émotions et pensées positives en vous : un sourire, une fleur, un rayon de soleil… Notez-le.
4. Observez les conditions dans lesquelles elles sont survenues pour les retrouver.
5. Dans ces épisodes positifs, soyez également attentif aux interruptions de vos pensées et aux émotions négatives, limitantes, aux dialogues mentaux à la culpabilité, l'insatisfaction…
6. Votre censeur voile souvent votre bonheur : observez-le pour vous en détacher en inspirant et expirant aussi lentement que possible.

Cultivez les graines du bien-être, elles se nourrissent d'attentions.

Le chant de la vie ✿ 10 min

1. Assis au cœur de la nature, dos droit, yeux fermés. Inspirez et expirez profondément.
2. Soyez attentif au chant des oiseaux. Portez toute votre attention sur vos oreilles, vous êtes tout ouïe.
3. Notez comme plus rien d'autre ne compte que le son mélodieux qui capte votre attention.
4. Sentez comme le passage du chant de la vie change le champ de votre énergie.
5. Visualisez ses notes comme un torrent qui répand en vous une vague de bien-être.
6. Sentez les membres de votre corps vibrer avec joie.
7. Inspirez cet élan de vie et expirez les tensions qui sortent de vous comme la rivière de son lit.
8. Ouvrez les yeux, regardez les oiseaux et adressez-leur un sourire.

Le chant de la vie coule en vous, prêtez l'oreille et laissez-vous entraîner.

S'apaiser ❀ 10 min

1. Dans un parc, une forêt, bois, jardin... choisissez un arbre maître qui vous attire, si possible plus grand et large que vous.
2. Observez-le : taille, forme, tronc, feuilles, couleurs
3. Entrez dans son champ magnétique et fermez les yeux.
4. Demandez-vous ce qui vous a aimanté : sa beauté, sa vitalité, la force qu'il dégage ou inspire ?
5. Touchez son écorce, puis dites-lui intérieurement que vous aimeriez vous blottir contre lui ou le prendre dans vos bras, tout en mêlant vos pieds dans ses racines apparentes.
6. Sentez votre attrait pour lui et serrez-le dans vos bras ou lovez-vous dans son tronc comme vous le feriez avec un proche.
7. Inspirez profondément et humez son parfum.
8. Portez votre attention sur votre corps et notez comme contre lui, toutes vos tensions s'évanouissent une à une.
9. Zen, apaisé, inspirez sa sérénité et expirez un « merci » susurré.

Les bras de dame Nature toujours vous rassurent

Infusion du soir

Idéale pour un gros dodo...

1 c. à café d'aspérule odorante (sommités fleuries)

1 c. à café de camomille matricaire (fleurs)

1 c. à soupe de verveine odorante (feuilles)

1 c. à soupe de pommes séchées, pour une saveur sucrée ! (fruits)

1. Mélangez les plantes et faites chauffer l'eau à 85 °C.
2. Déposez les plantes dans l'eau chaude, laissez infuser 7 à 10 min et filtrez.

Infusion détente

Keep cool, c'est le moment de se détendre...

1 c. à soupe de tilleul (bractées)
1 c. à café de marjolaine (feuilles)
1 pincée de lavande (fleurs)
1 c. à soupe de verveine odorante (feuilles)

1. Mélangez les plantes et faites chauffer l'eau à 85 °C.
2. Déposez les plantes dans l'eau chaude, laissez infuser 7 à 10 min et filtrez.

Qu'est-ce qu'une infusion « détente » ?

Ce sont aujourd'hui les infusions les plus demandées en France ! Attention, une infusion pour la détente n'est pas forcément une infusion pour dormir. Les infusions « détente » sont composées de plantes dites « sédatives », qui vont permettre aux personnes d'être plus apaisées. Elles peuvent être prises tout au long de la journée, contrairement à celles composées de plantes favorisant l'endormissement qui sont à prendre le soir.

Infusion 100 % zen

Pour ½ l d'eau (2 tasses) :
1 c. à soupe de marjolaine (sommités fleuries)
1 c. à café de mélisse (feuilles)
1 c. à soupe de rose (pétales)

1. Mélangez les plantes et faites chauffer l'eau à 80 °C. Si les feuilles de mélisse sont entières, réalisez une coupe rapide et grossière de celles-ci afin de libérer toute leur saveur juste avant l'infusion.
2. Déposez les plantes dans l'eau chaude et laissez infuser 7 min à couvert.

Propriétés

Ce sont les propriétés apaisantes de la marjolaine qui font sa réputation en infusion. C'est une des plantes les plus efficaces contre les angoisses et le stress. De plus, elle n'a aucune contre-indication ! Elle est aussi très utile pour alléger la digestion. Elle est particulièrement recommandée le soir, pour profiter d'un savoureux moment de détente.

Recette antistress

Pour ½ l d'eau (2 tasses) :
1 c. à soupe de marjolaine (sommités fleuries)
1 c. à soupe de tilleul (bractées)
1 c. à soupe de pomme séchée

1. Mélangez les plantes et faites chauffer l'eau à 95 °C. Si les bractées de tilleul sont entières, réalisez une coupe rapide et grossière de celles-ci afin de libérer toute leur saveur juste avant l'infusion.
2. Déposez les plantes dans l'eau chaude et laissez infuser 10 min à couvert

Propriétés

Connu de tous, le tilleul était l'un des remèdes favoris de nos grands-mères. Souvent qualifié de « vieillot », le tilleul est pourtant une excellente plante « détox », parfaite en infusion (lorsqu'il est utilisé en aubler), accompagnée d'une plante aux notes plus aromatiques. L'infusion est très douce et agréable en bouche, avec une légère note sucrée.

Infusion spécial détente

Pour ½ l d'eau (2 tasses) :
1 c. à soupe de verveine odorante (feuilles)
1 c. à café de coquelicot (fleurs)
1 c. à café de pomme séchée

1. Mélangez les plantes et faites chauffer l'eau à 95 °C. Si les feuilles de verveine sont entières, réalisez une coupe rapide et grossière de celles-ci afin de libérer toute leur saveur juste avant l'infusion.
2. Déposez les plantes dans l'eau chaude et laissez infuser 5 min à couvert.

Temps d'infusion « spécial enfant »

Lorsque l'on prépare une infusion pour les enfants, il est préférable de ne pas laisser infuser plus de 5 min. Cette courte infusion évitera une concentration trop élevée en principes actifs. En effet, il faut tenir compte du poids et de la taille des petits.

Infusion apaisante

Pour ½ l d'eau (2 tasses) :
1 c. à soupe de marjolaine (sommités fleuries)
1 c. à soupe de mélisse (feuilles)
1 c. à café de valériane (racines)

1. Mélangez les plantes et faites chauffer l'eau à 90 °C. Si les feuilles de mélisse sont entières, réalisez une coupe rapide et grossière afin de libérer toutes les saveurs juste avant l'infusion.
2. Déposez les plantes dans l'eau chaude et laissez infuser 10 min à couvert.

La valériane est aujourd'hui l'une des stars des plantes médicinales et occupe une place de choix sur les étals de nos pharmacies. Vous la trouverez principalement dans les remèdes contre les angoisses et les insomnies. Côté arômes, les racines de valériane ont une forte odeur que beaucoup considèrent comme désagréable. En réalité, le goût est beaucoup plus doux que l'odeur.

Infusion apaisante #2

Pour ½ l d'eau (2 tasses) :
1 c. à soupe d'aubépine (sommités fleuries)
1 c. à soupe de tilleul (bractées)
1 c. à soupe de coquelicot (fleurs)

1. Mélangez les plantes et faites chauffer l'eau à 80 °C. Si les bractées de tilleul sont entières, réalisez une coupe rapide et grossière afin de libérer toutes les saveurs juste avant l'infusion.
2. Déposez les plantes dans l'eau chaude et laissez infuser de 7 à 10 min à couvert.

Propriétés

Réputée pour ses propriétés sédatives, l'aubépine est très utilisée en herboristerie pour prévenir les problèmes cardiaques : c'est un fortifiant du cœur. Elle traite aussi l'hypertension car c'est un régulateur sanguin et cardiaque.

Recette spécial concentration

Pour ½ l d'eau (2 tasses) :
1 c. à café d'origan (sommités fleuries)
1 c. à café de menthe poivrée (feuilles)
1 c. à café d'ortie (feuilles)
1 c. à café de citronnelle (feuilles)

1. Mélangez les plantes et faites chauffer l'eau à 90 °C. Si les feuilles d'ortie et de menthe poivrée sont entières, réalisez une coupe rapide et grossière de celles-ci afin de libérer toute leur saveur avant l'infusion.
2. Déposez les plantes dans l'eau chaude et laissez infuser 7 à 10 min à couvert.

Propriétés

La citronnelle est une superbe plante qui est très intéressante pour la sphère digestive de par ses propriétés apéritive et eupeptique qui permettent de soulager les digestions difficiles et d'ouvrir l'appétit. De plus, c'est une alliée en cas de coup de froid avec de la fièvre grâce à ses propriétés sudorifiques.

Notes

Notes

Direction éditoriale : Émilie Franc et Julie Martin
Direction artistique : Géraldine Lamy
Édition : Evanne Darchy, assistée de Camille Tondeur
Couverture du livret : Claire Simonet
Conception graphique du livret et mise en page : Émilie Laudrin
Fabrication : Donia Faiz

Crédits des textes : © Marie-Pascale et Anne-Sophie Boutry : p. 5-11 / © Stella Delmas : p. 12-17 / © Amaya Calvo Valderrama : p. 18-26
Crédits des photographies : © Shutterstock : p. 21, 27
Toutes les illustrations sont de © Freepik (sauf p. 4 : © Shutterstock).

Toute reproduction ou représentation intégrale ou partielle, par quelque procédé que ce soit, du texte et/ou de la nomenclature contenus dans le présent ouvrage, et qui sont la propriété de l'Éditeur, est strictement interdite.

ISBN : 978-2-03-607572-6
© Larousse 2024
21 rue du Montparnasse, 75006 Paris

Imprimé en RPC
Dépôt légal : octobre 2024
337346/01 – 11056339 – juin 2024